Aurélienne Dauguet

JENSEITSKOMMUNIKATION

Von der Skeptikerin zum Aura-Medium-Zentrum

MERANO-VERLAG

Bibliografische Information der Deutschen Nationalbibliothek:

Die Deutsche Nationalbibliothek verzeichnet diese Publikation in der Deutschen Nationalbibliografie; detaillierte bibliografische Daten sind im Internet über http://dnb.dnb.de abrufbar.

© Juli 2022 - Merano-Verlag, Kipfenberg, Deutschland

Herstellung: BoD - Books on Demand, Norderstedt

ISBN: 978-3-944700-48-9 (Paperback)

ISBN: 978-3-944700-98-4 (e-book)

Inhalt

Fachliche Ausbildungen des AURA-MEDIUM-ZENTRUMS:

A. CHANNEL-MEDIUM AUSBILDUNG

B. AURA-BERATER AUSBILDUNG

EINFÜHRUNG

Hinter diesem teilweise biographischen Bericht steckt eine eindringliche Botschaft für Sie. Denn es ist in der Tat eine Erinnerung daran, dass auch Sie die Fähigkeiten besitzen, sich mit den unterschiedlichen Dimensionen im Inneren zu verbinden (mit den tiefen Schichten ihres Unterbewusstseins, mit Ihrem Körper und seinen Funktionen) sowie mit den verschiedenen Bewusstseinsebenen im Universum.
Kommunikation ist die Basis der Existenz: alles befindet sich in einem regen Austausch wie der natürliche Rhythmus des Ein- und Ausatmens, der alles lebendig aufrechterhält.
Alles im Universum ist miteinander verbunden und interagiert stets miteinander. Dies gilt sowohl für inkarnierte Wesen in der materiellen Welt als auch für diejenigen in den spirituellen Dimensionen und ebenso für die Interaktion zwischen den physischen und geistigen Ebenen.
Da Menschen spirituelle Wesen sind, tragen sie in sich die Fähigkeit, Information aus dem Diesseitigen und aus dem Jenseitigen zu empfangen und zu senden. Wir sind imstande, Impulse aus unserem Körper und unseren Persönlichkeits- anteilen zu bekommen. Wir besitzen die latente Begabung, uns mit unserem höheren Selbst, sowie mit nicht inkarnierten Entitäten sprachlich, telepathisch und durch die Sinne zu verbinden.
Wir Menschen haben vergessen, dass wir uns jederzeit mit dem Universum austauschen können und ganz individuelle Antworten empfangen können. Oder ist uns diese Fähigkeit der universellen Kommunikation gestohlen worden?
Auch ich habe meine Veranlagung teilweise verdrängt. Bis mir gezeigt wurde, dass Bewusstseinseinheiten uns ständig

begleiten und unterstützen und, dass wir mit Verstorbenen und anderen Körperlosen kommunizieren können.

Durch ihre empathische Sprache haben sie mich dazu geführt, das Aura-Medium-Zentrum zu gründen. Sein Sinn und Zweck sowie der Inhalt der Ausbildungen wird am Schluss ausführlich erklärt.

TEIL 1: „WIR GLAUBEN AN NICHTS"

Soweit ich mich zurückerinnern kann, trage ich in mir eine andere Dimension gemeinsam mit meiner „Bewusstseinseinheit". Sie kommunizieren in Form von Stimmen, inneren Bildern, Gefühlen und gelegentlich auch als zweifelsfreies Wissen. Darüber hinaus empfange ich aus diesen höheren Ebenen Impulse, als ob ich physisch geschoben werde und dazu angeregt werde, bestimmte Handlungen durchzuführen. Im Alltag erhalte ich deutliche Hinweise, die wichtige Informationen hervorheben und beleuchten, und die von einer gewissen Aufregung begleitet sind. Es ist, als ob sie für mich betont werden, um meine Aufmerksamkeit unausweichlich auf sie zu lenken. Es kann sich um hörbare, sichtbare oder riechende Begebenheiten handeln. Schon früh in meiner Jugend behauptete ein Bekannter, mein „Über ich" sei stark entwickelt. Es ist ein gutes Erklärungsmodell. Jedoch biete ich heute eine tiefgründigere Erkundung des Themas an.
Wenn ich alleine bin, fühle ich mich immer von einer Präsenz umgeben. Ich bin also nie alleine. Im Gegenteil erlebe ich immer wieder das Bedürfnis, mich zurückzuziehen, um mich meiner inneren Begleitung zu widmen. Ich heiße das Alleinsein willkommen und genieße die Freiheit und die Stille, in der meine verinnerlichten Begegnungen stattfinden.

Sogar vor meinem 2. Lebensjahr, sobald es mir möglich war mich unabhängig zu bewegen, habe ich bevorzugt, unter dem großen Tisch mit dem langen Tischtuch zu sitzen. Das Tischtuch reichte fast bis zum Boden und schenkte mir einen wunderbaren Schutz.
Wenn ich in dieser dunklen Geborgenheit verweilte, sank ich in einen Zustand der Meditation. Nicht nur spürte ich einen tiefen

Frieden, sondern ich erlebte Zustände der Unendlichkeit, der Freiheit, der Wonne, der Erfüllung des Seins, die sich bis zu einer äußerst wohltuenden geistigen Sättigung und einem sinnlichen Genuss ausdrückten. Dort fühlte sich alles subtiler und echter an als in der Außenwelt. Dort, unter dem langen Tischtuch erlebte ich die ewige Präsenz meines Seins. Dort zog ich mich zurück in „meine Welt", um mich wieder zu finden und eins zu werden, mit allem was ist. Mein Blick konnte weiter und tiefer erfassen als im Alltag: Meine Wahrnehmung dehnte sich in die Grenzenlosigkeit aus und sie konnte gleichzeitig hinter und durch die Dinge hinausschauen. Ich kommunizierte mit allem durch Telepathie oder noch besser ich begriff vieles durch mein spontanes Hellwissen. Ich wusste einfach, und bekam Antworten in Form von Empfindungen, sowohl Sinnliche wie Innerliche. Nur in meiner inneren Welt konnte ich mich wirklich entspannen und vertrauen. Nur dort empfand ich eine echte Zusammengehörigkeit. Nur dort war ich zu Hause. Da, unter dem Tischtuch habe ich Phasen aus meinem späteren Leben gesehen oder vielleicht erschaffen. Gelegentlich erlebe ich Lebensabschnitte, die ein „déjà vu" sind. Dann erlebe ich sie in der Realität genauso, wie sie mir geistig abgespielt wurden.
Dort gab es keinen fremden Zwang, keine Einengung meiner Vorstellungskraft, keinen Lärm. Dort war alles rein, still und für mich nachvollziehbar.
Leider wurde meine „Auszeit" unter dem Tisch immer wieder von meiner Mutter gestört, so dass es für mich schwieriger wurde zu entspannen. Sie konnte mein Bedürfnis nach Rückzug nicht verstehen. Sie war sogar höchst besorgt, dass etwas mit mir nicht in Ordnung sei. Es sei nicht normal, dass ein Kind sich still und ins Dunkel zurückzieht. Ein Kind spiele doch und renne herum. Und so musste ich aus meinem Versteck heraus und meine Mutter würde mich in den Garten schicken. Ich müsse

etwas tun. Diesen Glaubenssatz habe ich verinnerlicht und er hat mich bis ins Erwachsenenleben geprägt, während dessen ich eine Art Überaktivität aufwies. Ich war wie angetrieben und hatte das Gefühl, dass ich nichts zustande brachte und, dass in meinem Leben nichts passierte.

Meine Familie hatte keinerlei Verständnis für meine Veranlagung. Sie fühlte sich durch mein Dasein verunsichert, wenn nicht beängstigt. Meine Mutter hat mich bestraft. Mein Vater hat mich ausgelacht. Ich sei speziell, eigenartig, anders.

Obwohl meine Familienmitglieder sich für nicht konform hielten, war ich für sie eine Herausforderung.

Ihr Leitmotiv war „Wir glauben an nichts, wir glauben nur an das, was wir sehen". Das bedeutet u.a., „wir glauben nicht an Gott."

Meinerseits glaubte ich auch an das was ich sah. Nur konnte ich andere Dimensionen wahrnehmen als meine Familie.

Der große Vorteil meiner atheistischen Erziehung ist, dass ich die Gewohnheit übernommen habe, vieles für mich zu überprüfen und zu hinterfragen. Darüber hinaus wurde ich in meiner cartesianischen Erziehung ermutigt, logisch, zusammenhängend und kohärent zu denken. Dafür bin ich sehr dankbar. Ich war nie leichtgläubig, auch nicht während meiner Zeit in der New Age Bewegung. Ich habe einen Pakt mit meiner inneren Führung geschlossen. Sollte mein Lebensweg oder mein Gedankenkonstrukt ungültig, realitätsfremd oder verzerrt sein, soll ich wachrüttelnde Zeichen erhalten. Und das Leben liefert mir tatsächlich weckende Botschaften. Es zeigt mir meine Selbsttäuschung wie durch ein Vergrößerungsglas.

Bevor ich eine wichtige Entscheidung treffe, fokussiere ich mich auf die Bestätigung meiner Höheren Instanz. Ich habe damals meine Führung darum gebeten, mir den Namen meines 1.

Ladens in Augsburg zu geben. Die Antwort symbolisierte für mich die Zusage meines Höheren Selbst. Es hieß, dass mein Projekt von meiner Höheren Instanz gesegnet war. Ich wartete vergebens Tage, Wochen und sogar ein paar Monate. Mein Umfeld wurde ungeduldig, die Steuerberaterin drohte mir mit hoher Steuer, sollte ich das Geld nicht rechtzeitig investieren. Endlich war ich imstande loszulassen und irgendwann, als ich mit etwas ganz anderem beschäftigt war, fiel mir der Name Lumina ein. Ich habe seine Etymologie recherchiert. Und ja, das war der richtige Begriff, das Licht für meinen spirituellen Laden, der Gegenstände zur Erhöhung der Schwingung angeboten hat.

Andersartigkeit und unerkannte Fähigkeiten

Eine verstörende Erkenntnis meiner Kindheit war die Entdeckung, dass meine Mitmenschen eine andere Wahrnehmung als die meine haben. Daraus entstand das Gefühl, dass ich ein Außenseiter war, dass ich anders beschaffen war und schlussendlich, dass etwas nicht in Ordnung mit mir war.

Meine Andersartigkeit hatte eine provokative oder aufweckende Aufgabe. Ich habe immer Themen und Situationen angesprochen, die verdrängt, umstritten oder noch unbekannt waren wie: der Tod, die Außerirdischen, Deutsch lernen wollen (als alle noch die Deutschen hassten), Russisch lernen wollen (als alle Angst vor den Kommunisten hatten), Chemtrails, Chakren (wobei die Züricher Bibliothekarin behauptete, Chakren sei ein französisches Wort), im Ausland leben usw. Das hat sich bis heute nicht geändert: ich komme ständig mit Themen an, die meine Familie triggern.

Im Laufe der Jahre hat sich das Gefühl, auf Unverständnis zu stoßen, umgewandelt durch ein unerschütterliches Vertrauen in meine innere Stimme und vor allem den Mut ihr zu folgen.
Ich habe gelernt, mich anzupassen und trotzdem genau das zu tun, was mir wichtig ist.
Ich habe gelernt, zwischen meinem äußeren Leben und meiner inneren Wahrnehmungen hin und her zu pendeln. Mit der Zeit habe ich mich bemüht eine Brücke zu bilden. Seit Jahren ist Spiritualität für alle Bereiche meines Lebens impulsgebend.

Kindheit, Depression und Zweifel

Nachdem ich gemerkt hatte, dass meine Hellsichtigkeit meine Familie störte und ich dafür bestraft wurde, entschied ich mich „normal" zu werden und nichts mehr zu erwähnen. Ich wurde sehr schweigsam, zurückgezogen und depressiv. Endlich war Ruhe. Niemand merkte, dass ich jegliche Lebensfreude verloren hatte. In der Tat gelang es mir meine Fähigkeiten teilweise zu verdrängen. Der Preis war eine depressive Kindheit.
Und auch die Sphären-Musik, die ich während meiner Kindheit hören konnte, verstummte für immer. Bis zum heutigen Tag verfolgt mich die Nostalgie nach diesen unvergleichbaren Klängen.
Während dieser Lebensphase habe ich Mitgefühl und Empathie entwickelt. Aus diesem Leiden habe ich Sicherheit und Integrität entfaltet sowie Einklang mit meinem Wahren Selbst gefunden. Nun bin ich imstande meine Mitmenschen zu ermutigen und zu stärken, ihren Weg zu suchen und zu finden.

Als Kind war ich vom Tod fasziniert. Einmal fragte ich meine Mutter, „Was passiert, wenn man stirbt?" und sie antwortete:

„Dann alles ist vorbei und man wird von den Würmern gefressen."

Was für eine beunruhigende Antwort für mich! Ich konnte sie nicht annehmen. Ich wusste doch, dass das Leben in einem weiteren Leben weiterfließt. Gleichzeitig war ich von Konflikten geplagt, denn ich wollte und sollte meiner Mutter glauben. Als Erwachsene sollte sie es wissen. Und ich als Kind durfte ihre Aussage nicht bezweifeln.

Nun wurde aber mein Leben…sinnlos. Wozu sollte ich jeden Tag aufstehen und mir die Zähne putzen, alle grüßen, mir Mühe machen allerlei zu lernen… um von den Würmern gefressen zu werden? Das mache ich nicht mit, habe ich entschieden. Das Ganze hat keinen Sinn und ist die Mühe nicht wert. Kein Wunder, dass ich mich in der Pubertät vom Nihilismus angesprochen fühlte.

„Wenn es drüben etwas gibt, gebe ich dir ein Zeichen"

Über die Jahre führte ich mit meiner Mutter mehrere Gespräche über den Tod sowie über philosophische Themen. Sie besaß keinen akademischen Hintergrund. Jedoch hatte sie eine tiefe Weisheit und originelle Gedankengänge. Vor allem aber hatte sie eine große Liebesfähigkeit, viel Empathie und einen mit Ehrfurcht ausgeprägten Bezug zur Natur. Eigentlich war sie Pantheistin. Fast jeder Satz von ihr fing mit „In der Natur…" an, „Die Natur legt fest, dass…", „Man braucht nur die Natur zu betrachten…"

Im Laufe der Zeit hat sie ihre Einstellung dem Tod gegenüber leicht verändert. Obwohl sie weiterhin an nichts glaubte und überzeugt war, dass der Tod „das Ende" sei, erwähnte sie, dass sie sich bei mir melden würde, sollte sie tatsächlich etwas im Jenseits erleben. Sie würde mir ein Zeichen schicken.

Ein Jahrzehnt später, als ich in England auf einem Boot wohnte, besuchte sie mich. Als sie ankam, war ich über ihre gesamte Verfassung sehr überrascht. Die Mutter, die ich seit meiner frühesten Kindheit als kränklich, traurig, bedrückt, pessimistisch und angespannt kannte, war plötzlich leicht, fröhlich, lebensbejahend und sogar körperlich fit. Es ging ihr besser als je. Wir hatten eine wunderschöne Zeit. Sie hat die Natur bewundert und sich über alle schönen Kleinigkeiten sehr gefreut.

Genauso wie früher haben wir philosophische Gespräche geführt. Besonders am Abend, wenn wir beide in der Kabine ohne Licht im Bett lagen. Das waren spezielle Momente für mich: die Dunkelheit vertiefte den Austausch zwischen uns und intensivierte jegliche Empfindung. Jedes Wort meiner Mutter hallte in meinen Ohren und jede Gedankenform prägte sich in Erinnerung ein. Da ich sehr rezeptiv war, staunte ich umso mehr, als sie plötzlich sagte: „Mit Sicherheit geht es weiter. Der Tod ist nicht das Ende". Ihre Worte klangen majestätisch und trugen eine echte kosmische Autorität in ihrem Ausdruck. Mutter war nicht nur überzeugt, sondern sie sprach aus der reinen Quelle heraus.

Ich war so erstaunt, dass ich verstummte, als ich gleichzeitig ihre frühere Antwort im Kopf wieder hörte: "Wenn man tot ist, wird man von den Würmern gefressen und es ist Ende".

Wie konnte das sein?

Wie konnte meine Mutter mir jetzt eine völlig entgegengesetzte Antwort geben?

Ich wusste doch, dass der Tod nicht das Ende ist. Und jedoch hatte ich mich in dem Glaubenssystem meiner Familie eingereiht.

Und nun sagt mir meine liebe Mutter, dass es nach dem Tod selbstverständlich weitergeht. Und dass sie mir ein Zeichen geben wird.
Kurz nach diesem Gespräch wurde sie akut krank. Sie war wieder die schwache, traurige, kränkliche Frau, die ich immer gekannt hatte. Sie fuhr zurück nach Frankreich, wo sie kurz nach ihrer Ankunft hinüberging.

Und sie gab mir ein Zeichen.

Ein paar Wochen später erschien mir meine Mutter jünger aussehend, fröhlich, leicht und lebensbejahend. Genau wie bei ihrem Besuch in England. Sie strömte grenzenlose Liebe und Freude aus. Sie sagte, es ginge ihr wunderbar, dass sie keine Schmerzen hatte. Sie sah wunderschön und sehr glücklich aus. Ich konnte die Wonne, die sie ausstrahlte, regelrecht fühlen.
Ihre Aussage stimmte: „Es geht weiter".
Ihre Erscheinung heilte viele Themen zwischen ihr und mir. Es war Frieden jenseits aller Worte. Karmische Verstrickungen wurden aufgelöst. Liebe verbindet uns.

Meditation und die Stimme in meinem Kopf

Die Lebenskrise, die meine Weltanschauung mit 28 Jahren zerrüttete, deckte gleichzeitig meine Lebensaufgabe auf. Berufung und Beruf wurden eins. Seitdem habe ich meine Aura-Wahrnehmung zum Beruf gemacht.

Ich wurde zu hervorragenden Lehrern geführt, wie Vicky Wall von Aura Soma. Von anderen geistigen Lehrern genoss ich viel Einzelunterricht, wie es in der spirituellen Tradition üblich ist. Dann merkte ich eine innere Stimme, die sich sowohl laut in meinem Kopf als auch still und telepathisch ausdrückte. Es gab auch das spontane Wissen, das mir wie ein Flash einfiel.

Durch Zweifeln und Zögern fuhr ich mit Bremsen. Ich konnte nicht annehmen, dass ich so leicht die Antwort oder die Lösung bekam und erschuf mir lange Phasen des mentalen Hin-und-Herschwankens.

Ich wollte immer überprüfen und beweisen. Die rationelle Frau in mir, die „an nichts glaubt"- laut meiner atheistischen Erziehung, musste alles hinterfragen. Auch wenn diese neurotische Neigung mich viele Umwege machen ließ, bin ich heute dafür dankbar. Dadurch habe ich viele Ausbildungen gemacht wie: Channeling, Medialität, Engelkommunikation, Remote-Viewing, Mediumship, Tierkommunikation, Pendel, Rute. Dadurch habe ich Unterscheidungsfähigkeit entwickelt sowie eine realistische Einstellung. Ich bin zum Schluss gekommen, dass keine Methode 100% genau ist. Noch wichtiger ist die Einsicht, dass übersinnliche Wahrnehmungen mit konkreter Evidenz gekoppelt werden müssen. Die Hinweise müssen sachlich und emotional nachvollziehbar sein. In dem internationalen AURA-MEDIUM-ZENTRUM bestehe ich ausdrücklich darauf.

Auch die Meditation hat mir das Wissen bestätigt und nähergebracht. Der meditative Zustand ist eigentlich die Basis, um die Feinstofflichkeit zu erkunden.

Aura Lesen – Aura Reinigen

Das war der Fall mit den jährlichen, persönlichen Durchsagen, eine Aufgabe, die ich als Botschaft empfang. Ich hatte Mühe sie anzunehmen, einerseits weil ich mir die Umsetzung nicht vorstellen konnte (Wie kann ich gleichzeitig eine Gruppen- und eine individuelle Arbeit durchführen?), anderseits weil das Empfangen von Durchsagen mir innerhalb dieses Rahmens eine große Herausforderung zu sein schien.

Seit nun 3 Jahrzehnten führe ich zwischen November und März die medialen und persönlichen Durchsagen zum Neuen Jahr (Aktuelle Termine auf Website: aureliennedauguet.com). Diesen Auftrag habe ich „von oben" erhalten. Es liegt an mir ihn durchzuführen. Dabei stehe ich unter keinem Druck: ich müsse das nicht tun. Jedoch scheint es die natürlichste Sache der Welt, weil mein Wille im Einklang mit den Höchsten Willen steht.

Meine Fähigkeiten und deren Entfaltung werden mir von innen heraus gezeigt: immer wieder bekomme ich Inspirationen oder innere Impulse, die von äußeren Ereignissen bestätigt werden. Es kommt mir vor, als ob mir die passenden Gelegenheiten auf einem Silbertablett präsentiert werden. Eine Idee fällt mir ein, dann taucht die entsprechende Situation in meinem realen Leben auf, was mir den Weg zu deren Umsetzung ebnet.

So sind meine energetische Arbeit mit den Händen und das Aura Lesen – Aura Reinigen meine Hauptaufgaben geworden. Nie konnte ich meine Arbeit gut verkaufen, jedoch habe ich immer Klienten gehabt. Besser als jegliche Werbung sagt mir meine innere Stimme, dass der Fluss meiner Arbeit von meiner Frequenz abhängig ist.

Die Erhöhung meiner Schwingung sowie meine energetische Stabilität sind genau die Elemente, worauf ich mich konzentriere. Nur so kann meine Arbeit authentisch sein.

Meine innere Führung: meine Aufgabe als Dozentin

Ich habe immer wieder neue Anfänge in meinem Leben absichtlich gesteuert. Sobald ich etwas gemeistert habe, werde ich überdrüssig und suche nach der nächsten Herausforderung: ob ich eine neue Rolle übernehme (Krankenschwester, Therapeutin, Dozentin, Buchautorin, Ladenbesitzerin) oder ins Ausland umziehe und zurück.

Irgendwann brauchte ich noch einmal eine berufliche Veränderung, etwas, was wie immer meine Begeisterung wecken würde. Ich hatte einen Wochenendkurs besucht, an dem die Schulleitung als Teilnehmer anwesend war. Meine Resonanz dazu war mittelmäßig. Ich war mit Aura Lesen und Aura Reinigen erfolgreich tätig. Jedoch es fehlte mir etwas: nämlich mein Wissen weiterzugeben. Das hatte ich schon sehr viel in den Seminaren in meinen Esoterik-Läden getan.

Es ging mir nicht gut in diesen Zeiten, wo das Alte nicht mehr erfüllend war und das Neue noch nicht definiert ist. Ich kam gerade zurück vom Einkaufen, als mein Zustand erstarrte und meine Aufmerksamkeit spitzte sich zu: ich schwebte über meinem Körper und hörte folgende Anweisung:

„Ruf die Schulleiterin an, stelle ihr die folgende Frage: hast Du jemanden, der Auratherapie als Fachausbildung anbietet?"

Sie wird in einer fröhlichen Stimme antworten: "Nein, noch nicht. Aber wenn Du mir einen Vorschlag machst, können wir im Herbst anfangen".

Ich haderte. Bin ich gut genug? Sie wird doch kein Interesse an Auratherapie haben u.s.w!

Der Antrieb anzurufen war so stark, dass ich ihm nicht widerstehen konnte.

Ich rief an und stellte die Frage, wie ich angewiesen wurde.

Die Antwort der Schulleiterin war Wort für Wort und vom selben Ton begleitet, wie ich zuvor gehört hatte.

Völlig ergriffen habe ich mich danach hingesetzt. Der Seminarinhalt wurde mir telepathisch diktiert. Er wurde sofort angenommen. Und somit fing ich eine erfolgreiche Karriere in dieser Schule an.

Meine inneren Konflikte: Familie und spirituelle Lehrer

Obwohl ich unzählige Kommunikationen aus den höheren Dimensionen immer wieder empfing, haderte ich in ewigen Zweifeln und hin- und her Schwankungen. Ich nahm die Botschaften auseinander, ich schämte mich: warum geschehen mir solche Sachen? Ich war zerrissen zwischen Ehrfurcht vor dem Prozess und der Tatsache, dass ich ihn so nah am eigenen „Leib" erleben würde. Denn die Durchsagen sind sehr konkret physisch und emotional spürbar. Manchmal sind sie jedoch rein geistig, wenn ich die Stimme höre oder klare Bilder als Blitz empfange.

Ich war es nicht wert. Und vielleicht stimmte die Botschaft sowieso nicht.

Dann kam die Angst. Ich fürchtete in Kontakt mit Entitäten zu sein, die übel waren. Mein Vater und ein paar spirituelle Lehrer, die auf Negativität erpicht waren, hatten mich davor gewarnt.

Ich erlebte eine Phase, während der ich in meiner täglichen Meditation von einem sehr lebendigen Christus-Gesicht besucht wurde. Die Frequenz, die diese Erscheinungen begleitete, war sehr hoch. Aber warum sollte er bei mir auftauchen? Ich bin ja als Atheistin aufgewachsen.

Nun gab es die Maria Phase in Verbindung mit Wasserquellen und Büchern und der seltsamen Reihe von Synchronizitäten.

Als ich eine remote Viewing Ausbildung besuchte, leitete mich der Seminarlehrer zu einer Begegnung mit Engeln, die ich plötzlich channeln konnte, als ich von der reinsten Liebe getragen wurde. Engelstatuen oder ähnliche Gegenstände und die wiederkehrende Erwähnung von Liebe waren nie meins. Aber in diesem Augenblick war ich diese Liebe, die mich von den Engeln durchströmte und ich wurde zu einem klaren Sprachrohr für deren Botschaft.

Ich erlebe immer wieder Situationen des déjà-vu, wo ich kurz vorher genau dieselbe Lage im Geiste wahrgenommen hatte.

Nichtsdestotrotz ist mir die andere Seite meiner Persönlichkeit wohl bekannt: Ich bin in manchen Bereichen meines Lebens regelrecht dumm und ungeschickt und ich kenne Misserfolge. Diese Aspekte sind mir auch präsent und ich fand sie damals schwer zu vereinbaren mit den tiefen Einsichten, die ich spontan erhielt.

Außerdem hatte ich Angst, den Bezug zur Realität zu verlieren. Zu häufig war ich der Rolle des Wunschdenkens und der (Selbst) Täuschung verfallen, wie ich sie genügend in der esoterischen Szene beobachtet hatte.

Diese Erlebnisse zusammen mit meinen Begegnungen mit der Schattenseite und mit negativen Egregoren haben mich dazu geführt Authentizität, mit Strenge und Klarheit zu bevorzugen.

Mein besonderer Schutz

Auch wenn ich verängstigt und verunsichert war, ist es äußerst auffällig, wie ich mein Leben lang Risiken eingegangen bin. Ich bin immer gerne in Europa, USA und sogar nach Oman alleine gereist – häufig per Anhalter. Ich war in Russland und in den USA und habe viel gewagt: Ernährungsumstellungen bis zur Lichtnahrung sowie Therapie und mit fremden Leuten wie z. B. Lilly Floating Tank und verschiedenen Meditationen, Therapiegruppen und manche extremen Experimente.

Ich war gleichzeitig sehr neugierig und blauäugig. Meine Erziehung, die Gespräche mit meiner Mutter und die Philosophie von Jean-Jacques Rousseau haben mich für immer geprägt: der Mensch ist in seiner Essenz gut und gütig.

Ich war und bin davon überzeugt. Ich weiß, diese Einstellung hat mich in zahlreichen abenteuerlichen Situationen positiv begleitet. Ich weiß auch, dass ich ein zuverlässiges Bauchgefühl habe. Mein Selbstvertrauen ist gesund. Ich bin reflektiert und vernünftig. Ich habe auch Temperament und kann mich gut wehren, wenn nötig. Ich habe Glück.

Das ist die Liste, die meine Persönlichkeit (mein menschlicher Aspekt) aufstellt, wenn ich auf gefährliche Konstellationen zurückschaue und mich wundere, wie ich heil oder sogar lebendig daraus gekommen bin.

Ich habe Glück: was bedeutet das überhaupt? Das war meine damalige Einschätzung der Situation. Eine sehr oberflächliche, bis ich tiefere Einsichten gewinnen konnte.

Jahre später als ich plötzlich in einer belanglosen Tätigkeit versunken war, erinnerte ich mich an 2 präzise Situationen meiner jüngeren Jahre. In einem Flash schwebte ich in einem außerkörperlichen Zustand, wobei ich über eine umfangreiche Wahrnehmung verfügte. Ich war imstande nicht nur die

äußeren Begebenheiten, sondern die Gedanken, Motive und Absichten von den Menschen um mich herum sowie meine eigene Verfassung zu durchschauen.
Das waren gefährliche Situationen, in die sich keine junge Frau begeben sollte.

Ich bin in den Bergen, irgendwo in Bulgarien, zusammen mit 4 Männern gefahren. Sie sind mir unbekannt außer einer, der Sohn des Paares, das ich besuche hinter dem Eisernen Vorhang, noch unter der kommunistischen Herrschaft. Wir verständigen uns mit meinem schlechten Russisch und mit ihrem schlechten Englisch. Irgendwann fällt es mir auf, dass sie eigentlich bei der Arbeit sein sollten. Ich frage sie: „Wieso habt ihr heute frei bekommen?" Ihre Antwort ist schwammig. Etwas stimmt nicht, aber das Wetter, die Berge, die Natur sind wunderschön.
Damals habe ich nichts geahnt. Aber aus meiner körperlosen Perspektive stelle ich nun fest, dass die 4 Männer definitiv keine guten Absichten mit mir hatten, denn westliche Frauen hatten dort keinen guten Ruf. Meine Ahnungslosigkeit schützt mich bis zu einem gewissen Grad.
Jedoch als die Dämmerung sich langsam ausbreitet, wird es mir allmählich unheimlich. Unerwartet fange ich an „durchgesprochen zu werden". Zu meiner eigenen Überraschung spreche ich mit ausdrucksvoller Stimme und Autorität: „Jetzt packen wir´s und wir fahren nach Hause". Der Ton ist tief, die Wirkung unmittelbar: alle sammeln ihre Sachen. Wir fahren heil nach Hause.
Das war nicht einfach Glück. Das war der Schutz aus der höchsten Stelle. Danke dafür.

Ich liege in einer fremden Wohnung in Chicago. Ich werde telepathisch gewarnt, dass die Situation im Raum nebenan

gefährlich ist: Menschen trinken Alkohol und nehmen Drogen. Ich habe mich ins Schlafzimmer zurückgezogen und liege im Bett voll bekleidet. Die Energie ist angespannt und unberechenbar. Ein Mann wird immer lauter. Im Dunkeln nehme ich die Energien wahr, die solche Zusammenkunft begleiten: sie nähren sich von Angst, Gewalt und Verwirrung. Plötzlich platzt der laute Mann ins Schlafzimmer ein und legt sich auf das Bett: er schwitzt, sein Gesicht hat sich zur Fratze verwandelt, seine Pupillen sind erweitert und er kann nur noch undeutliche Worte murmeln. Seine Kumpel betreten das Zimmer und beobachten die Szene mit erstarrtem Blick. Ich weiß, dass ich keineswegs mit ihrer Hilfe rechnen kann. Plötzlich „werde ich besprochen" und sage mit klarer, tiefer Stimme: „Nun ist es spät. Jetzt gehen wir alle schlafen und wir sehen uns morgen."
Nicht nur die große Autorität meines Tones erstaunt mich, sondern dessen Auswirkung auf die benebelten Typen: sie wünschen mir gute Nacht und verlassen das Schlafzimmer.
Das ist nicht Glück wie ich jahrelang meinte, bis mir diese Szene „von oben" aus einem höheren Gewahrsein gezeigt wurde. Das ist der Ausdruck des höchsten Schutzes.

Unzählige, ähnliche Situationen haben sich in meinem Leben angesammelt. Ich bin zu einem Punkt gekommen, wo ich sie in tiefer Dankbarkeit annehme als Zeichen meiner spirituellen Führung. Ich bin überzeugt, dass alle Menschen von einem ähnlichen Schutz behütet sind – würden wir sie nur evozieren und bemerken!

Kontaktaufnahme mit meinen Geistführern

Wie schon beschrieben, war mein Gewahrsein von, und meine Verbindung mit meiner geistigen Führung sehr beeinträchtigt. Einerseits fühlte ich mich „nie alleine", immer begleitet. Jedoch konnte ich nicht klar und einfach annehmen, dass ich geführt und geschützt war. Ich habe ständig hinterfragt, gezweifelt und sogar boykottiert, was ich gesehen, gefühlt und gehört habe. Ich habe Erfahrungen zerlegt und rationalisiert, bis ich zum Schluss kam, dass ich manches erfunden hatte, mir schön eingeredet hatte oder mich von anderen beeinflussen ließ.

Jedoch bin ich immer der Stimme in meinem Kopf gefolgt. Die Antworten auf meine Fragen sind so deutlich, dass ich sie nicht übersehen kann. Im Nachhinein wurde es umso selbstverständlicher zu erkennen, dass bestimmte Regeln und Gesetzmäßigkeiten gelten: Offenheit ist notwendig und das Ego soll sich in den Hintergrund stellen und Platz machen für die große Präsenz.

Ich habe auch ausfindig gemacht, dass viele Übungen oder das verbreitete Wissen bezüglich der geistigen Welt unvollständig, undifferenziert oder falsch ist. Ein Teil meines Zögerns oder meiner Zweifel war berechtigt und durch bestimmte Erfahrungen begründet. Es ist, als ob ich selber den Weg dahin und die Aufrechterhaltung der Verbindung eruieren und überprüfen musste. Dadurch bin ich viele Umwege gegangen und habe es mir schwerer gemacht als nötig. Jedoch war es keine verschwendete Zeit, denn ich habe während dessen meine Vernunft geschärft und trainiert, damit sie meine Intuition minutiös überprüft. Was mir wiederum ein unerschütterliches Vertrauen verleiht. Wie ich in meinem Buch „MEIN NEUES LEBEN MIT DER LICHTNAHRUNG" geschrieben habe, neige ich dazu alle möglichen Fehler zu begehen. Somit entdecke ich die optimalen Methoden und Einstellungen, die ich mit anderen Menschen teilen möchte. Das ist in sich ein riesiger Vorteil für meine Aufgabe als Dozentin und Therapeutin.

Die Frequenz der Erde und der Menschen, die bereit sind sich weiterzuentwickeln, ist momentan am Steigen. Gleichzeitig reichen die spirituellen Ebenen hinunter, um den Kontakt herzustellen. Natürlich ist der Zugang unbeständig und individuell von Mensch zu Mensch. Dieser Zustand ist jedoch nicht neu, sondern schon seit der großen Konvergenz in den 80er Jahren am Werk. Die Zeichen werden sichtbarer für eine wachsende Anzahl von inkarnierten Seelen.

Deshalb ist die Jenseitskommunikation umso aktueller und wichtiger. Und zwar als Kontakt zu den eigenen weisen und wissenden Seelenanteilen sowie zu Entitäten aus anderen Dimensionen, die als Überbrückung zum kosmischen Bewusstsein dienen. Das ist genau, was ich in diesem AURA-MEDIUM-ZENTRUM (Webseite: aura-medium-zentrum.com) unterrichte.

Grundsätzlich werden alle Menschen geliebt, geleitet und geschützt. Wir verfügen alle über mindestens einen Geistführer. Weitere geistige Wesenheiten aus unterschiedlichen Ebenen schließen sich nach Bedarf an, abhängig von den Lebensphasen, die wir durchmachen. Wir sind im Kosmos eigenbettet. Die verzerrten Energien tun alles, um den Menschen die Illusion vorzugaukeln, dass sie einsam, isoliert und ohne Bezug zum großen Ganzen sind. Im Gegensatz ist die allumfassende Geborgenheit immer vorhanden, ob wir sie wahrnehmen oder nicht.

Ich bitte um Entschuldigung dafür, dass ich die Wahrheit des eingebettet sein innerhalb der universellen Kräfte zertrampelt, ignoriert und missverstanden habe. Ich danke für die spirituelle Kraft und meinen geistigen Führern, dass sie mich über viele Jahre begleitet, beraten, geschützt, gerettet und betreut haben.

Vorläufig kann ich 4 von denen konkret erkennen.

Joy ist die Frau eines spirituellen Lehrers von mir. Als sie noch auf der Erde verweilt hat, hat sie mir Geschenke, ausgewählte Bücher und Musik aus den USA geschickt. Sie war stets liebevoll und präsent für mich. Joy ist meine Channeling Geistführerin.

Herr Kistler war mein 1. privater Lehrer und Heiler in Zürich. Er hat mich sehr tief geprägt, stabiles Wissen weitergegeben und eine bodenständige Art mitgegeben. Mit ihm habe ich sowohl Psychotherapie nach C.G. Jung als auch viele Stunden Privat-Unterricht erhalten. Er unterrichtet und berät mich weiter aus dem Jenseits.

Von Dr Barthès, unserem Familienarzt in den 50er und 60er Jahren habe ich schon in dem Buch „DER BLENDER ODER VOM LIEBEN UND STERBEN" erzählt. Er war gegen Impfungen und hat in Frankreich die 1. Akupunktur-Schule gegründet. Er kontaktierte mich, als er zwischen Leben und Tod schwebte. In dieser Zeit war ich in der Verdrängung der jenseitigen Realität stecken geblieben. Er lieferte mir jedoch eine handfeste Bestätigung, denn er wurde wiederbelebt und er erzählte mir aus 1. Hand von seiner Nahtod-Erfahrung. Er ist für den heilerischen Bereich zuständig. Zusammen mit Herrn Kistler hat mich Dr Barthès mit meinen gesundheitlichen Entdeckungen und Aufrechterhaltung sehr erfolgreich belehrt.

Durch ihren Pantheismus hat mich meine Mutter in den letzten Jahren mit meinem Bezug zur Natur und meiner praktischen Intuition unterstützt. Sie hat mir die Kraft der Liebe, der

Einfachheit und der Emotion gezeigt und mich in meinen gefühlsmäßigen Reisen geführt und begleitet.

Viele andere Helfer und geistige Lehrer stehen auch um mich herum. Die Hilfe ist immer vorhanden. Nach Bedarf auch von anderen Wesen, die von den Hauptgeistführern vermittelt werden.

Meine Sterngeschwister fühlen sich leider zu entfernt an. Jedoch sind sie mein Ursprung und meine echte Familie. Eine unersättliche Sehnsucht nach ihnen treibt mich voran und quält mein Herz immer wieder.

Später hat sich Frank Alper als ein führender geistiger Lehrer in meiner Entwicklung als Medium gemeldet. Als universeller Kanal hat er 30 Jahre lang weltweit gechannelt. Anfangs der 80er Jahre hat er mehrere Bücher über Atlantis und die therapeutische Anwendung von Kristallen geschrieben. Ich bin ihm in München begegnet und er wollte mir Channeling unterrichten, was ich verweigerte, denn ich hatte Angst vor meinen eigenen Fähigkeiten und auch davor, mich von den engen Glaubenssätzen eines Systems einschränken zu lassen. Er hat mich zur Gründung des AURA-MEDIUM-ZENTRUMs inspiriert. Er begleitet mich weiterhin mit seiner ernsthaften, klaren und nicht aufdringlichen Art. Für ihn insbesondere und für alle meine „guides" empfinde ich eine tiefe Dankbarkeit.

„Du hast alle Puzzlestücke, die sie braucht"

Das ist die Aussage eines Verstorbenen, den ich während seiner Lebzeit nicht gekannt habe. Er ist der Ehemann einer Frau, die ich 15 Minuten persönlich erlebt habe. Sie war Teil einer flüchtigen Begegnung, wobei ich keinen angenehmen Eindruck von ihr bekam. Sie fuhr danach ins Ausland, wo sie wohnt. Ständig kam sie mir in den Sinn, obwohl wir uns nur kurz gesprochen hatten. Sie war jetzt weg. Wieso soll ich immer wieder an sie denken? Zumal ich keine persönliche Verbindung zu ihr pflegte. Irgendwie verstand ich die Situation nicht. Ich konnte sie keineswegs ignorieren. Sie kam mir wiederholt in den Sinn. Ich betrachtete ihre Situation näher auf hellsichtige Weise.

Spontan bin ich imstande, zu verstehen, warum sie sich so unangenehm verhielt. Sie steht unter einem enormen Druck. Sie ist Witwe und sie ist zuständig für ein Anwesen, das sie seit dem Hinübergehen Ihres Mannes alleine führt. Sie ist überfordert. Sie ist passiv-aggressiv und ihre Glaubenssätze und Opferrolle schaffen ihr ein hartes Leben, wo sie sich als Einzelkämpferin betrachtet. Keiner ist gut genug. Nichts passt. Alle ziehen sie über den Tisch. Als ich ihre Situation betrachte, empfinde ich Mitgefühl für sie. Dann meine ich, es sei für mich eine Lektion: ich soll nicht urteilen, sondern den Hintergrund ihres Verhaltens verstehen. In der Tat kann ich durchaus Empathie für sie und ihre Reaktion aufbringen. Ich biete sie telepathisch um Verzeihung. Meine Einsicht soll bitte reichen. Sie taucht aber weiterhin in meinem Geist auf.

Nicht nur sie, sondern auch ihr Mann, der mich nun in der Meditation aus dem Jenseits kontaktiert. Ich soll mich an seine Frau Amelie wenden. Ich soll ihr schreiben. Sie brauche Hilfe. Wenn ich eine solche Botschaft erhalte, meine ich automatisch, dass es sich um eine energetische Fernbehandlung handelt. Was soll ich ihr anbieten? Wir kennen uns kaum. Auf keinen Fall will ich ihr sagen: "Dein Mann hat mir aus dem Jenseits die Anweisung gegeben, ich soll mich mit Dir in Verbindung setzen. Was brauchst Du genau?". Nein, das mache ich nicht. Das ist zu reißerisch und wer weiß, ob Amelie für diese Weltanschauung offen ist. Ich kenne sie sowieso nicht.

So gehen ein paar Monate vorbei. Sie taucht wieder vor meinem geistigen Auge auf. Ich leide ab und zu unter dem Helfer-Syndrom. Ich kann nicht gleichgültig bleiben. Amelie hat ja meine Visitenkarte. Sie wird sich bestimmt melden, sollte sie mich irgendwie brauchen.

Und so hatte ich ein paar Tage Ruhe. Bis ihr Mann sich an mich sehr klar und deutlich wendet: „Du hast alle Puzzlestücke, die sie braucht". Das war ein vollkommenes Rätsel! Was für Puzzlestücke soll ich besitzen für jemanden, den ich kaum kenne und nicht besonders schätze?

„Worum geht es?" Frage ich. „Was kann ich für sie tun?" Dann geht es wieder los: ich soll mich in Verbindung mit ihr setzen. Ich bin hin-und-hergerissen zwischen der Anweisung ihres Mannes und meinem Eindruck von Amelie. Mein Konflikt spaltet mich tatsächlich in 2 Anteile: einerseits der deutliche Hilferuf vom Jenseits, den ich unmittelbar empfange, anderseits spüre ich keinen echten Bezug zu Amelie, auch wenn ich mich in ihre Situation einfühlen kann. Plötzlich denke ich, ich weiß nun, worum es geht. Vielleicht braucht sie jemanden, der sich um ihre hiesige Wohnung kümmert. Ja, das muss es sein. Ok, das würde ich für sie tun, wenn es hilfreich ist. Ich bin aufrichtig und würde mein Bestes tun. Ok, das mache ich. Ich schreibe ihr zuerst eine SMS. Sie meldet sich sofort zurück mit einer Reihe von Sorgen und Problemen. Alles läuft schief. Um die Klagen einzuschränken, spreche ich sie direkt auf die Betreuung der Wohnung während ihrer Abwesenheit an. Nein, das braucht sie nicht. Weitere Herausforderungen stehen an. Dinge, die schnell erledigt werden sollten, dringende Situationen, die sich schon lange hinziehen und akute Lösungen benötigen. Ja, es sei alles so schlimm und da ist keiner, um ihr zu helfen.

Ihre Situation ist noch komplizierter als ich eingesehen hatte. Es gibt hier so viel zu tun. Es gibt auch kein Thema, womit ich Amelie direkt helfen könnte. Oder doch?

Es fällt mir unerwartet ein, dass ich jemanden in ihrem Land kenne, der ihr helfen könnte. Er wohnt sogar eine Stunde von ihr entfernt. Ich bemühe mich die Verbindung zwischen John und Amelie herzustellen. Sie klappt nicht gleich, weil Amelie in ihrem Stress seine Telefon Nummer falsch eingetragen hat. Es gibt ein Hin-und-Her, worüber sie sich übermäßig aufregt. Das lösen wir schnell und einfach. Sie ist mittlerweile über Johns Unterstützung begeistert.

Ich lehne mich zurück und denke: das wars doch. Wunderbar. Ich bin froh, dass ich Amelie hilfreich sein konnte. Es ging aber noch weiter. Und in der Tat gab es eine Reihe von Konstellationen, bei der ich ihr hilfreich sein konnte, dadurch, dass ich genau die richtigen Personen kannte oder über die nötigen Daten verfügte.

Der verstorbene Ehemann hatte recht: ich hatte die Puzzlestücke, die sie gerade gebraucht hatte.

Dieses Ereignis hat mich schlussendlich dazu geführt, meine Aufgabe als Medium anzunehmen und zu verbessern.

Noch ein paar lustige Beispiele. Sie beziehen sich auf materielle Wünsche, die ich aus finanziellen oder logistischen Gründen (Ich habe kein Auto) mir nicht erfüllen kann. Es geht um Gegenstände, die ich schön finde und doch so gerne hätte. Aber ich kann sie vorläufig nicht bekommen. Ich mag beispielweise diese länglichen wellenförmigen Spiegel. Ich hätte gerne einen gehabt. Ich musste darauf verzichten. Bis vor ein paar Tagen...

Auf der Straße steht einer da, sehr gut verpackt und sorgfältig angeschrieben: Spiegel zu verschenken. Tja genau die Art, die ich mir gewünscht hatte! Mein Herz springt vor Freude. Meine Vernunft sagt sofort: Du gingst so lange ohne. Du brauchst doch keinen mehr. Jawohl, das stimmt. Aber ich mag „Wellenspiegel“. Die Stimme sagt mir: "Nimm ihn doch. Wolltest Du doch. Schau: er ist so gut eingepackt für dich. Trage ihn doch unterm Arm. Er wird dir Freude schenken. Du hast ihn dir gewünscht und nun ist er da". Zwar 1 Jahr später aber gratis und 300m von zuhause. Danke dafür!

Jenseitskommunikation mit Verstorbenen

Nun möchte ich einige Beispiele zu den Erfahrungen, die ich über die Jahre gesammelt habe, geben.

Ein wichtiger Faktor ist, dass ich respektvoll mit den Verstorbenen umgehe: ich lade sie ein und lasse offen, wer auftreten möchte. Das bedeutet, dass niemand gezwungen wird zu erscheinen, sondern die Seelen melden sich, die im Hier und Jetzt für den Klienten am hilfreichsten sind. Aus den höheren Ebenen sind die Prioritäten anders und vor allem leichter zu setzen als aus unserer irdischen Warte. Die Seelen im Jenseits besitzen eine höhere Perspektive über die gesamte Situation und deren Zusammenhänge.

Keineswegs dürfen wir aus dem Auge verlieren, wie „kurzsichtig“ wir sind und wie gesteuert wir durch Konditionierungen, Vorurteile, Ängste und von unserem Ego sind.

Mit den geistigen Dimensionen zu verkehren und zu arbeiten, verlangt nicht nur Vertrauen, sondern die Fähigkeit dieses Vertrauen tatkräftig umzusetzen. Das beinhaltet eine grenzenlose Sicherheit, das Richtige in diesem Augenblick durchzuführen, ohne konkrete „menschliche Beweise“ oder „Garantien“ oder aktuelle Bestätigung. Das verlangt eine gewisse Bereitschaft des Loslassens, innere Freiheit, unabhängig vom Ausgang. Die erforderliche bedingungslose

Präsenz und Hingabe an die spirituelle Führung in dem gegenwärtigen Augenblick ist die Basis. Als Bild kann man sich die einzelnen Schritte, einen nach dem anderen, vergegenwärtigen. Wie bei einer Gratwanderung mittels Seils eine Kluft überwinden. Hoch konzentriert in der Gegenwart Schritt für Schritt, ohne einmal nach vorne zu schauen. Das mag das Ego gar nicht.

In der Jenseitskommunikation machen wir uns empfänglich für die Botschaften, die aus einer höheren Warte stammen. Sie können überraschend klingen, denn sie überragen unser Gewahrsein. „Ich wäre selber nicht darauf gekommen" „Das hatte ich nicht so betrachtet" werden wir öfters sagen.

Insofern wir bereit sind eine erweiterte Perspektive anzunehmen, sind wir rezeptiv für eine Informationsqualität, die sich über unser Wunschdenken, unsere Hoffnungen und unseren restriktiven Überblick setzt. Die Infos sind dadurch egofrei, individuell gültig, an die Person und ihre gegenwärtigen Umstände angepasst und allgemein ethisch, denn sie sind nicht selbst-dienend, sondern sie stehen im Einklang mit dem höchsten Gut.

Beispiel 1:

Eine mir gut bekannte Klientin, Jasmin, möchte einen Kontakt herstellen zu einer entfernten Tante. Sie hat einige Fragen an sie, denn dieses Familienmitglied wurde aus dem Zusammenhalt und aus dem Erbe ausgeschlossen und sie wäre praktisch nie erwähnt worden. Ich erkläre Jasmin, dass sie ihre Tante gerne als Zielperson behalten kann. Ich werde jedoch die Seelen einladen in den Vordergrund zu kommen, die eine wesentliche Durchsage für meine Klientin haben.

Die erste Person, die ich wahrnehme, ist ein Kind. Der Zeitraum entspricht der Zeit zwischen den beiden Weltkriegen. Der Junge spielt in der Nähe eines Teichs. Zuerst hat meine Klientin zu diesem Jungen keinen Bezug. Sie erwartete eine Tante oder vielleicht ein weibliches Kind, aber definitiv keinen Buben. Sie kann mit meiner Beschreibung nichts anfangen. Es gibt eine kleine Mauer. Im Hintergrund sehe ich einen Hund, der hinter einem Zaun bellt. Er hat viel Platz, bevorzugt aber beim Zaun entlangzulaufen und den Menschen zu begrüßen. Die Szene sieht idyllisch aus. Die Stimmung wird aber immer angespannter. Ein Gefühl der Enge in meiner Brust nimmt mir die Luft raus. Ich bin der kleine Junge und ich kriege keine Luft mehr.

„Der Hund, der Junge… nein, ich habe keine Ahnung, wer das ist. Wir hatten zwar einen Hund aber nicht auf einer Wiese hinter dem Zaun. Nein leider…" höre ich Jasmin am Telefon.
Ich beschreibe weiter, was ich wahrnehme.
Plötzlich kommt ein Schwall von Emotionen von Jasmin heraus.
„Oh, ich weiß! Diesem kleinen Jungen ist mein Großvater zur Hilfe geeilt, als er am Ertrinken im Teich war! Jetzt weiß ich. Ja, ich weiß, wer er ist. Ich kenne seinen Namen nicht, habe aber öfters von ihm gehört und wie mein Großvater ihn retten wollte und ihm 1. Hilfe erteilte. Leider vergebens, denn er starb im Krankenhaus. Ja, das war damals eine große Sache mit diesem Nachbarkind. Mein Großvater wurde für einen Helden gehalten, weil er selbstlos für das Kind ins Wasser sprang. Diese Geschichte habe ich damals als Kind mehrmals erzählt bekommen. Ich bin jetzt 60 Jahre alt, das war längere Zeit her" setzt Jasmin fort.
Ich erhalte noch eine wichtige Information vom Jungen. Seine Seele sei unendlich dankbar und er fühle sich so sehr mit der Familie verbunden, aus der der Großvater kommt, dass er sie weiterhin segnet. Im Besonderen beschützt er Roberto, Jasmins

einzigen Sohn. Ja, der Junge von damals sei für Roberto da und nimmt ihn gerne unter seine Fittiche.

Jasmin staunte und flüstert:

„Davon hat er bestimmt keine Ahnung…"

Somit löst sich dieser Rahmen oder die Konstellation auf, zusammen mit den Eindrücken, die dazu gehören.

Nun taucht ein ganz anderes Bild auf: eine junge Frau hinter einem Tresen. Ihre Frisur gibt mir einen Hinweis auf die Zeit vor dem Ausbruch des 2. Weltkriegs. Sie macht einen leichtfüßigen Eindruck auf mich. Sie ist gut gelaunt, fast leichtsinnig. Sie steht dort und bewegt sich fröhlich. Sie spricht über einfache, alltägliche Dinge und ihre positive Laune ist ansteckend. Ich erhalte keine weiteren Hinweise. Jasmin spürt keine Resonanz zu ihr. Es handelt sich um eine Person, die sie nicht gekannt hat. Das sind Jasmins Worte zu der 2. Person, die nun erschienen ist. Jedoch werde ich von weiteren Eindrücken aus dem Jenseits beschenkt und beschreibe sie wahrheitsgetreu. Vordergründig ist die Leichtsinnigkeit der jungen Frau oder ihre unerschütterliche gute Laune. Sie ist um die 30. Alle fühlen sich von ihrer Leichtigkeit angesprochen. Jasmin ist weiterhin stumm. Aber ich spüre, wie sie in ihrem Gedächtnis nach Erinnerungen sucht.

„Ja, ich meine… Das ist doch die Mutter. Doch ich weiß genau, wer das ist. Sie ist von einem entfernten Neffen geschwängert worden. Diese junge Frau hatte einen schlechten Ruf. Sie hätte ihn in Versuchung gebracht, hieß es. Der Neffe aus unserer wohlhabenden Familie war damals 16 Jahre alt".

Dann erzählt Jasmin weiter:

„Diese junge Frau ist DIE MUTTER DER TANTE! Als uneheliches Kind wurde sie von den Großeltern großgezogen, denn es konnte nicht bei seiner Mutter bleiben."

Nun möchte die junge Frau zu Wort kommen: „Das war gar nicht so schlimm. Meine Tochter (die bei den Großeltern aufwuchs) hat es gutgehabt. Sie hat alles bekommen, was sie für ihr Leben gebraucht hat. Es hat ihr an nichts gefehlt". Diese Aussage klingt etwas außerordentlich, denn uneheliche Mütter und Kinder wurden damals hart „diskriminiert", würde man heute sagen.

Nun ist wieder Jasmin ganz still. Ich spüre, dass ihr Kopf intensiv arbeitet. Nach ein paar Minuten fängt sie unsicher an:

„Ich wollte ursprünglich mit der Tante, d. h. die Tochter von der leichtfüßigen Person, im Kontakt treten, um ihr eine Entschädigung anzubieten, für das, was sie als uneheliches Kind erfahren hat."

„Die junge Frau bestätigt aber, dass ihre Tochter alles bekommen hat, was sie gebraucht hätte" wiederhole ich als Sprachrohr der Seele, die als Mutter der Tante erschienen ist.

„Das ist schön zu wissen" erwidert Jasmin. „Ich wollte nur das ganze Karma bereinigen. Aber wenn alles gut ist… Dann ist es Zeit loszulassen."

Jasmin ist sehr überrascht über die Begegnung mit der Mutter der Tante. Sie ist nicht nur dankbar für die Kontaktherstellung, sondern für die Befriedung, die daraus entstanden ist. Sie ist dankbar für den Frieden, den sie durch die Nachricht findet und für die Auflösung der karmischen Bindung.

Ein paar Tage später erhalte ich folgende Mail von Jasmin:

„Zu meinen Begegnungen mit dem kleinen Jungen habe ich noch folgende Zusatzinformation:

Ich habe gezögert, meinem Sohn Roberto davon zu erzählen, auch, dass dieser kleine Junge für ihn da ist. Roberto kennt seinen Namen nicht, nur die Geschichte in groben Zügen. So habe ich das Sterbebild vom Großvater, das ich "zufällig" vor 3

Wochen im Nachlass von Papa gefunden habe, auf dem Tisch liegen lassen. Roberto sprang sofort darauf an. So erzählte ich ihm von unserem Telefonat – nämlich von der Jenseitskommunikation.

Roberto meinte: „Weißt Du Mama, in letzter Zeit denke ich öfters an die Sache, dass mein Opa einem Menschen das Leben retten wollte. Und vor ein paar Tagen (Das stimmt überein mit unserem Telefon-Termin), da dachte ich ganz intensiv an den kleinen Jungen."

Ist das nicht berührend? Und es bestätigt Dich / uns so sehr. Vielen Dank für dieses Geschenk."

Schreibt Jasmin am 31. 01 2022.

Auch ich spüre eine tiefe Ehrfurcht für die synchronischen Zusammenhänge und die Einzelheiten und deren Stimmigkeit, die ich nie erahnen konnte. Es geht nicht einheitlich um die Begegnung mit einem bestimmten Verstorbenen, sondern auch um die Botschaft, die Ratschläge und die neuen Einsichten, die von den jenseitigen Menschen übermittelt werden. Sie sind tatsächlich anwesend und es liegt ihnen am Herzen uns aus ihrer höheren Warte zu unterstützen. Die Verstorbenen, die uns begleiten, sind Seelen, die sich bereit erklärt haben, den Dienst an Anderen zu leisten, im Gegensatz zu Energien, die auf ihr eigenes Selbst ausgerichtet sind, auf Verzerrung der göttlichen Ordnung und die schlussendlich auf Kraftentzug anstatt Kraftzufuhr erpicht sind.

Nun würde ich gerne kurze Beispiele anbieten mit unterschiedlichen positiven Auswirkungen der Jenseitskommunikation.

1. Juristische Beispiele von Personen, die Unrecht hinterlassen haben oder ihre Fehler anerkannt haben und um Verzeihung bitten, wie der junge Mann, der sich von der Hitler-Jugend verblenden ließ. Erst später aus der anderen Perspektive erkannte er, dass er einen Pfad ging, der eigentlich seinen grundlegenden Werten widersprach. Manche wurden auf der Erde bestraft und haben erkannt, dass sie die falsche „Entscheidung" getroffen hatten. Auch wenn seine Flucht ihm ein friedliches Leben im fernen Ausland bescherte, wurde er jenseits des Schleiers an die Handlung erinnert, die die kosmischen Gesetzmäßigkeiten nicht geehrt haben.

2. Dann begegnen wir Seelen, die nicht aufrichtig waren und gestohlen sowie Waren oder Gelder veruntreut haben. Unter dieser Kategorie treffen wir auch diejenigen, die sich ein Erbe erschlichen haben. Eine Klientin hat von einer verstorbenen Kusine ein Ritual bekommen, um den Familien-Fluch aufzulösen. Ich werde mich immer daran erinnern, wie die Klientin sagte mit großer Dankbarkeit: „sie haben mir sehr geholfen. Nicht nur mir, sondern gleich meiner gesamten Familie".

3. Manche „Geheimnisse" werden durch Jenseitskommunikation geklärt, so dass man dessen Inhalt mit Familien-Mitgliedern besonders Älteren teilt. Die Zusammenhänge, die übersehen werden, oder „vergessene Seelen" werden spontan von Eltern oder Großeltern erkannt. Synchronizitäten spielen eine spezielle Rolle: z. B das Geschenk von der Bertha, das in der jenseitigen Botschaft erwähnt wurde, jedoch während der Sitzung nicht identifiziert werden konnte. Erst im Nachhinein wurde die körperliche und psychologische Beschreibung der Tekla

durch die Erinnerungen der Mutter wieder erkannt. Ihr damaliges Geschenk, d.h. die Kette mit den 3 Herzen wurde gerade im Umzugskarton gefunden, als meine Klientin Anna, auf das ehemalige Grundstück von Bertha nach ein paar Jahrzehnten umzog.

Inna schrieb in dem Bericht, der auf ihre Jenseitskommunikation folgte:
„Sehr faszinierend! Ich lasse es noch auf jeden Fall weiterwirken. Ich kann mich nur herzlich bei Dir und bei den jeweiligen Besuchern aus dem Jenseits bedanken".

Automatisches Schreiben und andere Kommunikationsweisen (Tiere, Malen, Umfeld Erkundung)

Ich habe immer gerne geschrieben: Essays, Schulberichte, Briefe, Journale, Philosophie Prüfungen usw. Ich habe früh in meinem Leben mit automatischem Schreiben angefangen, und zwar ohne zu wissen, was es bedeutet. Ich habe immer gerne ein Ritual durchgeführt, bevor ich damit anfange. Ich brauche Ordnung um mich herum. Mein Schreibtisch muss sauber und ordentlich sein. Als ich den 1. Satz schrieb, brauchte ich manchmal ein paar Anläufe, bis ich mich tatsächlich im Fluss befand. Die Schrift musste stimmen, Ideen im Kopf oder ein bestimmtes Vorhaben waren Voraussetzung und von Anfang an musste ich eine bestimmte Energie spüren. Wenn es nicht stimmig war, musste ich wieder neu anfangen. Mit der Zeit merkte ich, dass ich den Text niederschreibe, den ich im Kopf höre. Diese Begabung habe ich vermehrt für das Schreiben meiner Bücher verwendet. Später habe ich beobachtet, wie ich Empfehlungen und Beschreibungen des Innenlebens meiner Klienten empfange, sobald ich mich auf sie geistig einstelle.

Diese Fähigkeit setze ich ein als individuelle Beratung in meinen PERSÖNLICHEN CHANNELINGS (siehe meine Website: aureliennedauguet.com). Viele Personen haben eine große, konkrete Hilfe davon gewonnen. Der Vorteil liegt darin, dass man den Text immer wieder lesen kann. Bei jeder Lesung entdeckt man eine tiefere Bedeutung sowie Botschaften, die einem ursprünglich nicht ersichtlich waren. Natürlich muss der Klient selbständig in seinem Denken sein und imstande, den Text an seine ganz persönlichen Umstände anzupassen.

Ich möchte nun genau auf die Bezeichnung „Automatisches Schreiben" eingehen. Streng genommen weiß das Medium, dass seine Hand „von außen" geführt wird, bis Wörter und Sätze entstehen, während es sich in einer Trance befindet. Meine Methode unterscheidet sich davon, dass ich bewusst und sehr präsent bin, denn ich höre die Worte in meinem Kopf und muss damit Schritt halten, sonst verliere ich den Fluss. Ich bin also hoch konzentriert und erhalte aus meiner höheren Führung Anleitungen sowie Bilder oder Gefühle und sinnliche Eindrücke wie Geschmack, Farben, Enge, Breite, um einige zu erwähnen. Man könnte auch spekulieren, ob es sich um eine Art Telepathie handelt. Allerdings kann ich den Fluss nicht erzwingen: ich spüre jedoch, ob er vorhanden ist und manchmal sogar auf eine sehr dringende Weise. Ich bin unendlich dankbar dafür.

Zum Schulprogramm gehört zusätzlich die Kommunikation mit Tieren. Sie sind lebendige Wesen mit einer Seele. Sie tragen das Gewahrsein des universellen Bewusstseins. Grundsätzlich ist die ganze Natur beseelt und sehr individuell. Das Erfassen der Individualität erfordert eine entwickelte Empathie sowie eine große Anpassungsfähigkeit. Hier geht es um den vielseitigen Ausdruck der Einheit, der ausschließlich durch Respekt und Bescheidenheit zugänglich ist.

Dazu habe ich ein kurzes Beispiel: ich wollte mit einem älteren weisen Kater Kontakt aufnehmen. Da er eher verschlossen war, versuchte ich seine Aufmerksamkeit auf mich zu ziehen. Vergebens. Endlich schaute er mich eher unfreundlich an und sagte forsch, er kenne mich schon und er sei entsetzt über meine Frage.

„Oje, das ist ein schlechter Anfang für eine Seele zur Seele Kommunikation", sagte ich. Außerdem war ich über seine Aussagen verblüfft.

„Woher kennst Du mich? Wieso kennst Du meine Frage?"

„Du hast dich gründlich für die Fragerei vorbereitet. Ich habe das Ganze mitbekommen."

„Offiziell frage ich nun, warum Katzen so faul sind und so viel Schlaf brauchen, bis zu 16 Stunden am Tag?"

„Nur der Mensch ist ständig aktiv und so intensiv nach außen gerichtet. Wir sind anpassungsfähig und hoch konzentriert in unserem Tun. Das Jagen kann kräftezehrend sein. Aber der wahre Grund unseres langen Schlafes liegt in unserer Fähigkeit in anderen Dimensionen zu reisen und dort Kräfte aufzutanken. Wir Katzen gehören zur Weltseele und leisten unseren Beitrag dazu durch unsere kollektive Seelenweisheit. Wir sind Dimensionssprenger. Wir verbinden die Welten. Wir verbinden uns mit anderen Seelen aus unserem Katzen-Kollektivum. Wir sind nicht faul, sondern wir wirken im Jenseitigen für das Gleichgewicht alles Lebendigen. Wir leben hier und dort. Der Mensch sollte sich von uns inspirieren lassen und sich mehr nach Innen wenden".

Er verschwand aus dem Bild, sobald er seine Antwort geliefert hatte. Ich hoffe, er hat noch meinen Dank und meine Entschuldigung für die Störung mitbekommen. Ich hätte gerne noch weitere Fragen gestellt, aber ich bin dankbar für diese ausführliche Antwort und die Bilder, die er mir geschickt hat. Er schien tatsächlich in anderen Ebenen unterwegs zu sein und eine wichtige Aufgabe zu besitzen.

Ich kann nicht malen, ich kann nicht zeichnen, ich habe es nie gelernt und ich bin auch nicht dafür begabt. Ich wurde ein paar Mal jedoch, zu Zeichnen geleitet. Eins dieser Beispiele ist die Zeichnung auf der Vorderseite meines Buches: „MEIN NEUES LEBEN MIT DER LICHTNAHRUNG". Sie entstand um 4:00 Uhr morgens und zeigt eine der Seelen, die mich während des Lichtnahrungsprozesses begleitet hat. Der automatische Aspekt des Malens wird in der Channeling Ausbildung ermutigt, denn die Inspiration im Rahmen des künstlerischen Ausdruckes ist der oberste Einfluss vom Geiste in Form der Muse.

Die Umfeld-Erkundung ist auch Teil der Ausbildung und äußert sich dadurch, dass das Medium befähigt wird, die Umgebung des Subjekts zu beschreiben, zu erfühlen und zu sehen. Solche Wahrnehmungen können spontan geschehen. Sie benötigen jedoch eine gründliche Meisterschaft des Empfängers.

TEIL 4: HÖHERE KOMMUNIKATION

Einführung in die ethischen Grundlagen der Schule

Ein respektvoller Umgang mit allen Wesen bildet die Grundlage unserer Arbeit.

Der FREIE WILLE: der freie Wille des Klienten sowie seine Privatsphäre müssen respektiert werden. Es geht keineswegs darum, zu spionieren oder intime Einzelheiten zu erfahren. Der Missbrauch von medialen und anderen Fähigkeiten kann zum Verlust der Begabungen und zum karmischen Ausgleich führen. Der Respekt der Verstorbenen oder anderer jenseitigen Entitäten (Aufgestiegene Meister, bekannte Persönlichkeiten, Engel, geistige Führer usw.) ist die Grundlage einer wertvollen höheren Kommunikation. Lügen oder erzwungene Botschaften stellen einen Betrug und eine Grenzüberschreitung dar. Solche Unstimmigkeiten werden vom Höheren Selbst registriert.

Die SELBSTVERANTWORTUNG des Mediums, sowie die des Klienten ist unentbehrlich. Die Verstorbenen und die geistigen Führer sind eifrig dabei zu helfen und Information zu liefern. Jedoch überlassen sie einem immer die Möglichkeit, selber zu entscheiden. Und genau das sollte auch das Medium dem Klienten gegenüber respektieren. Die Gelegenheit eine Wahl freiwillig zu treffen, stellt nicht nur eine besondere Möglichkeit dar, den freien Willen auszuüben, sondern eine unvergleichbare Situation, um auf dem spirituellen Pfad Fortschritte zu machen und einen karmischen Ausgleich zu schaffen. Diese Tatsache hängt mit persönlichen Prioritäten, Idealen, dem Credo und dem Dienst an das große Ganze zusammen.

Bei der Jenseitskommunikation handelt es sich um einen Dienst für das Gemeinwohl, nicht um Selbstdarstellung.

Die wichtigste Voraussetzung heißt: RICHTE KEINEN SCHADEN an. Das Medium übernimmt die Verantwortung der Botschaft. Der Klient übernimmt die Verantwortung für seine Interpretation der Botschaft.

Die EIGENE FREQUENZ ist entscheidend dafür, welche Energien wir als Medium anziehen: das bedeutet eine dauerhafte Arbeit an sich.

Alles ist Kommunikation und wir sind alle am Channeln

Die Zellen kommunizieren untereinander, die Planeten untereinander, die Tiere, die Bäume usw. Alles ist miteinander verbunden und in ständigem Austausch. Interdependenz herrscht in der gesamten Schöpfung. Der bekannte Spruch über dem Schmetterlingsflügel, der Ereignisse auf der anderen Seite der Welt beeinflusst, versinnbildlicht die Verbundenheit aller Existenz. Es stammt aus der Mystik, der Metaphysik und der Quantum Philosophie.

Da wir Teil des großen Ganzen und gleichzeitig EMPFÄNGER UND SENDER von Frequenzen sind, müssen wir uns bewusst machen, was wir aufnehmen, umwandeln und weiterleiten wollen.

Eigentlich channeln wir alle ununterbrochen. Damit meine ich die Energie, die wir ins Universum weiterleiten, und zwar beides bewusst und unbewusst: die schlechte Laune, die Komplimente, die Freude, die Ungeduld, die falsche Information, das Gebet, die positive Absicht, die neidischen Blicke usw. Kurz zusammengefasst: alles, was wir von uns geben.

Mit diesem Wissen macht es also Sinn, wenn wir uns entscheiden Durchsagen weiterzuleiten, sich damit auseinanderzusetzen, was unsere grundlegende Absicht ist.

Das alles stellt unseren BEITRAG zur Weltseele dar.

In dieser besonderen Ausbildung wollen wir eine Verbindung zwischen der höheren KOMMUNIKATION DES HERZENS (Ananda Khanda) und der höheren INSPIRATION DES GEISTES (6. Chakra) aufbauen. Dies entspricht den Farben unserer Webseite (Königsblau und Türkis). Das ist die Kommunikation des Wassermann-Zeitalters.

Die Alchemie von Channeln und Transdimensionalität

Es geht darum zwischen den Welten zu reisen und sie auf förderliche und klare Weise zu verbinden, um deren Information zum Ausdruck zu bringen. Dafür pflegen wir die KLARHEIT unseres Kanals.

Die Dimensionen, die wir kontaktieren, sind ein SPIEGEL unserer Absicht und unserer Einstellung.

Dafür muss das studierende Medium sich mit seiner FEIN-STOFFLICHKEIT (Aura-Schichten und Chakren) auseinandersetzen. Seine Fähigkeit, das FÜHLEN-DENKEN zu meistern ist das Geheiminis seines Erfolges. Das bedeutet eine gleichzeitig tiefgründige Selbstentdeckung.

Jeder Mensch besitzt besondere Veranlagungen. Persönliche Begabungen werden in diesem Lehrplan berücksichtigt und individuell unterstützt durch Einzelsitzungen und durch die geeignete Wahl aus den unterschiedlichen medialen und channeling Methoden (siehe unten Ihre neuen Fähigkeiten).

Wir sind nicht nur multidimensionale, sondern auch transdimensionale Wesen.

Echtes Engagement und Beständigkeit sind Vorrausetzung.

Klare Evidenz: die innere Logik der spirituellen Praxis

Spirituelle Klarheit beruht auf Authentizität und Kohärenz. Anders ausgedrückt muss die intuitive Arbeit Hand und Fuß haben: sie muss empiristisch sein, Sinn machen und hilfreich sein. Die höhere Kommunikation ist ein Dienst an die Menschen und an ihrem Fortschreiten auf ihrem spirituellen Pfad. Sie ist in der Realität verankert.

Die Interpretation und der Umgang mit dem durchgegebenen Material vom Medium werden gründlich analysiert.

Unabhängig wie einfach oder komplex die Botschaft sein mag, soll sie in anderen Wesen (Mensch, Tier, Pflanze, Gebäude, Projekt usw.) eine Erhöhung deren Lebenskraft, Lebensfreude und Lebensqualität bewirken.

Sinn und Zweck der Ausbildungen und deren Inhalt

In dieser Ausbildung lernen Sie sich ZU ERDEN, SICH ZU SCHÜTZEN, Ihre Energien zu KLÄREN.

Sie lernen Ihre SELBSTWAHRNEHMUNG und das GEWAHRSEIN Ihres Umfelds zu steigern.

Sie erreichen eine tiefe GELASSENHEIT durch die VEREINIGUNG Ihres Willens mit dem Höheren Willen Ihrer spirituellen Instanz.

Sie entdecken Ihre Vielseitigkeit und gleichzeitig Ihre Individualität und deren besondere VERANLAGUNGEN. Diese werden Sie im Modul 2 entfalten: da haben Sie die Möglichkeit, sich in mindestens 2 Methoden gründlich zu SPEZIALISIEREN.

Ihre allgemeine spirituelle ENTWICKLUNG wird BESCHLEUNIGT durch Ihre SCHWINGUNGSERHÖHUNG und durch den Zugang zu Ihrer inneren Führung.

Sie sind imstande höheres Wissen sowie bodenständige, inhaltsvolle Botschaften zu empfangen.

Sie entwickeln beides: Ihr THEORETISCHES WISSEN und Ihre PRAKTISCHEN BEGABUNGEN. Diese sind beruflich, privat, therapeutisch, psychotherapeutisch und spirituell selbständig einsetzbar, wenn Sie die gesamte Ausbildung besucht haben.

Sie erhalten eine Seminar Teilnahme Bestätigung mit der Angabe der Module und mit der genauen Stundenanzahl. Die Anzahl an Theorie und an praktischen Übungsstunden, sowie die individuellen Coachingstunden und Einzelsitzungen werden ebenso auf dem Zeugnis eingetragen.

Fachliche Ausbildungen des AURA-MEDIUM-ZENTRUMS:

A. CHANNEL-MEDIUM AUSBILDUNG

B. AURA-BERATER AUSBILDUNG

A. FACHLICHE AUSBILDUNG: AUSBILDUNG ZUM CHANNEL-MEDIUM

Übersicht des LEHRPLANs über 6 Wochenenden

MODUL 1

Vorbereitung und erste Schritte der Höheren Kommunikation
Gewahrsein der eigenen Feinstofflichkeit:
- Aura und Chakren
- Aufmerksamkeit lenken
- Verinnerlichung
- Schutz, Erdung, Öffnung des Zentralkanals
- Erhöhung der eigenen Frequenz
- Begegnung und Interaktion mit dem Höheren Selbst
- Einfälle, Inspiration, Intuition
- Qualität, Sinn und Wahrhaftigkeit.
- Persönliche Unzulänglichkeiten und Begabungen
- Erspüren und formulieren
- Gewahrsein des Umfeldes
- Log book für die Medium Reise
- Einzelsitzungen: 1 Stunde Aura Lesen – Aura Reinigen und Empfehlungen
- Persönliches Coaching: Individuelle Fragen und Fachliche Themen / Verbesserungsmöglichkeiten.
- Übungsmöglichkeiten

MODUL 2

- Reinigung und Klärung vom Feld und von Räumen
- Energiefluss bei sich spüren und bei anderen sehen
- Kontaktaufnahme mit Geistführer

- Botschaften empfangen
- Gültigkeit der Information
- Umgang mit gechannelter Information: Neutralität, Interpretation, Verantwortung
- Ursachen von Fehlern
- Die Rolle von Ego, Fantasie und Konfabulation

MODUL 3

Im Modul 3 wird eine kurze Übersicht der vielseitigen Kontaktaufnahmen erklärt.

- Im Schlaf arbeiten und Kontakte herstellen
- Schreiben, schriftliche Kommunikation
- Kontakt mit der Natur. Kommunikation mit Tieren
- Höhere Kommunikation mit der Radiästhesie ankurbeln.
- Zeichnen, Malen, Sketchen
- Die 5 Sinne + 1 Sinn, Gefühle und Emotionen
- Fernwahrnehmung / Remote-viewing
- Kontakt mit Verstorbenen
- Engelkommunikation und aufgestiegene Meister
- Körper Lesen
- Galerie Readings
- Personen bezogenes Lesen (psychic readings)
- Kontakt mit historischen Personen
- Räume und Felder Readings
- Persönliches Coaching als Entscheidungshilfe: persönliche Interessen und individuelle Begabungen

MODUL 4:

Zwei Methoden aus der Auswahl werden gründlich gelernt und praktiziert.

- Einzelsitzung
- Persönliches Coaching
- Übungsmöglichkeiten

MODUL 5

- Das heilige Dreieck
- Ethik und Umgang: Mit Klienten und mit den Geistführern
- Intensivierung des Kontaktes durch Bergkristalle
- Vorbereitung und Reinigung von Räumen
- Als Medium arbeiten
- Als Mediale Berater tätig sein
- Ein klares, gesundes Medium sein: Angstfrei, körperliche Tätigkeit und allgemeine Psychohygiene
- Frage und Antwort: Das Medium als Sprachrohr
- Der Tod: das große Abenteuer
- Zwischen den Dimensionen reisen
- Individuelles Coaching
- Übungsmöglichkeiten

MODUL 6

- Die Zirbeldrüse
- Das Ananda Khanda
- Der meditative Zustand
- The direct path
- Symbole und die eigene Symbolsprache

- Hellwissen
- Das Fühlen-Denken der neuen Zeit
- Der individuelle Beitrag zum großen Ganzen
- Protokoll für das umfassende reading:
  Selbständigkeit und Betreuung des Klienten
- Einzelsitzung
- Persönliches Coaching
- Übungsmöglichkeiten

B. FACHLICHE AUSBILDUNG: AUSBILDUNG ZUM AURA-BERATER

Die Auratherapie unterstützt und ergänzt jede therapeutische Maßnahme, da sie die feinstofflichen Aspekte des Menschen mit einbezieht. Die Gesundheit fängt in der Aura und in den Chakren an.

Diese Ausbildung befähigt den /die AURA-BERATER / IN, die Aura zu pflegen und auszugleichen und somit den Klienten ganzheitlich zu begleiten sowie in seiner Entfaltung und in seiner Regeneration zu stärken. Der Aura-Berater ist imstande selbständig unterschiedliche Aura-Pathologien festzustellen und sie mit nicht eingreifenden Methoden im Energiefeld zu harmonisieren. Das umfangreiche Wissen und die Entwicklung der eigenen Wahrnehmung sind beide eine Bereicherung und eine Erweiterung für den Alltag und für die berufliche Laufbahn.

Das Wissen ist bodenständig, sowohl in der Praxis als auch in der Theorie verankert. Aura-Chirurgie ist ebenso ein Teil dieses außerordentlichen Seminars. Wir wecken unsere latenten Fähigkeiten durch die subtile Wahrnehmung und deren praktischen Umsetzung. So werden wir zu den bewussten Menschen der neuen Zeit.

Übersicht des LEHRPLANs über 6 Wochenenden

MODUL 1

1.1.   Die globale Aura
1.2.   Aura Sensibilisierung
1.3.   Aura Bewusstsein
1.4.   Traditionelles Wissen um die Aura: Namhafte Forscher

MODUL 4

MODUL 5

MODUL 6

Liebe Leserin, lieber Leser!

Es liegt mir am Herzen, mein Wissen in gute Hände weiterzugeben – in Ihre Hände.
Dieses alte Wissen ist grundsätzlich für die neue Ära. Die Erhöhung der Frequenz auf der Erde stellt eine große Chance für die Rückeroberung unserer vergessenen und unterdrückten innewohnenden Begabungen dar. Diese ermöglichen uns die Täuschung und die Lügen aufzudecken. Somit erlangen wir wieder den Zugang zu unserer wahren Würde als Mensch.

Kontakte:
Allgemeine Website: aureliennedauguet.com

Spezifische Webseite für Einzelsitzungen und für die Medium und Aura Ausbildungen: aura-medium-zentrum.com

Literaturhinweise

Aurélienne Dauguet

Mein neues Leben mit

der Lichtnahrung

ISBN 978-3-96240-554-0 (Paperback)

ISBN 978-3-96240-555-7 (Hardcover)

ISBN 978-3-96240-556-4 (e-Book)

Aurelienne Dauguet

Mein neues Leben mit
der Lichtnahrung

tao.de

Dies ist der Bericht über den Lichtnahrungsprozess der Autorin.
Sie vertraut uns an, wie ihr die Umstellung von „normaler" Nahrung auf Photonen-Nahrung gelungen ist. Wir begleiten sie während des ersten Jahres ihres neuen Lebens mit der Lichtnahrung.

Diese Beschreibung ist authentisch, bodenständig, klar und schlicht.

Der Sinn ihres Beitrags liegt darin, das Verständnis und den geistigen Zugang zur Lichtnahrung menschlich und realistisch zu erleichtern.

Niemand soll hierzu ermutigt werden. Dieser Prozess ist ein rein innerer Vorgang, ein Ruf der Seele. Hier gibt es nichts zu beweisen und niemanden zu überzeugen.

Für die Autorin war die Entscheidung, sich von Prana zu ernähren, eine der wichtigsten in ihrem Leben, mit der Freiheit, die Lichtnahrung jederzeit zu beenden oder sie fortzusetzen.

Aurélienne Dauguet

Aktiviere deinen inneren Heiler

ISBN 978-3-944700-35-9 (Paperback)

ISBN 978-3-944700-95-3 (e-Book)

Dieses Buch bietet viele leichte Techniken und Übungen zur Aktivierung des inneren Heilers.

Die Abhängigkeit von Institutionen und einseitigem Wissen tragen dazu bei, dass der Mensch sich immer mehr von seiner innewohnenden Weisheit entfernt.

Es ist Zeit, Kontakt mit unserem Körper wieder aufzunehmen und uns mit seinen Reaktionen anzufreunden, um sie für unsere Gesundheit und unser Wohlbefinden zu nutzen.
Es ist von Vorteil, unsere Empfindungen und Emotionen zu fühlen und wahrzunehmen, um unserer inneren Geborgenheit zu vertrauen.
Es ist sinnvoll, Klarheit in unserem Kopf zu schaffen, um Eingebungen und höhere Führung zu empfangen.
Es ist unentbehrlich, wieder eins mit unserem grenzenlosen und ewigen Aspekt zu werden.

Mit der Unterstützung unseres inneren Heilers und unserer natürlichen Heilkraft sind wir alle mächtige Wesen und können viel mehr als wir meinen.

Regelmäßige Workshops vertiefen und verankern dieses Wissen anhand konkreter Methoden und Praxis.

Aurélienne Dauguet

Gesunde Abgrenzung

ISBN: 978-3-944700-26-7 (Paperback)
ISBN: 978-3-944700-76-2 (e-book)

Nachsicht, Wohlwollen, und Respekt des Raums und des freien Willens unseres Gegenübers sind Teil der Interaktion zwischen Menschen der neuen Zeit.

Nicht nur unter Menschen, sondern auch innerhalb der eigenen Einheit gehört ein achtsamer Zugang zum eigenen Körper, zum emotionellen Aspekt, zu den kognitiven sowie zu den geistigen und spirituellen Dimensionen unseres Daseins.

Aurélienne Dauguet erklärt die gesunde Abgrenzung auf den unterschiedlichen Ebenen des Seins im persönlichen sowie im kollektiven Bereich des Lebens. Auch gesunde Grenzen innerhalb der Familien-Strukturen werden mit Übungen und praktischen Hinweisen beschrieben.

Respekt für die Freiheit und den freien Willen unseres Gegenübers ist mit ethischen Folgen verbunden. Die Beeinträchtigung der Entwicklung eines Mitmenschen stellt eine der größten karmischen Brüche dar, die es gibt.

Auérlienne Dauguet

Der Blender
oder
Vom Lieben und Sterben

ISBN: 978-3-944700-17-5 (Paperback)
ISBN: 978-3-944700-57-1 (e-book)

Diese wahre Geschichte verleiht erstaunliche Einblicke in karmische Zusammenhänge und alte Glaubenssätze, die überholtes Verhalten an den Tag legen.
Auf der Reise in die Normandie zu spirituellen Gesprächen mit einem angesehenen Autor enthüllen sich mehr und mehr unerwartete Zusammenhänge.
Ewig gültige Prinzipien stechen hervor aus der unterhaltsamen Erzählung und schenken ein tieferes Verständnis über das eigene Leben, Sterben und Lieben.

Aurélienne Dauguet

EIN NEUES SELBSTBILD ERSCHAFFEN

ISBN 978-3-944700-14-4 (Paperback)
ISBN 978-3-944700-44-1 (e-Book)

Dieses unterstützende Werk zur Selbsterkenntnis wirft ein transformatives Licht auf den Menschen als spirituelles Wesen mitten im aktuellen Um- und Durchbruch. Die Metamorphose ist voll im Gange. Die Notwendigkeit und die Verantwortung ein anderes Menschenbild zu entwerfen, liegen in den Händen von jedem Einzelnen. Ein neues Selbstbild für jeden ruft unmittelbar eine differenzierte Identität für die gesamte Menschheit hervor.

Aurélienne Dauguet

Reiseführer zu deinen kosmischen Energien
Aura-Entdeckung

ISBN 978-3-944700-02-1 (Paperback)
ISBN 978-3-944700-12-0 (e-Book)

Das Buch „Reiseführer zu deinen kosmischen Energien – Aura-Entdeckung" führt den Leser auf eine Entdeckungsreise in die verschiedenen Ebenen und Dimensionen der menschlichen Aura.
Es enthält sowohl theoretische Abhandlungen über die verschiedenen Schichten der Aura, sowie auch praktische Übungen zum richtigen Umgang mit der Aura.

Aurélienne Dauguet

AURATHERAPIE für ÄRZTE, THERAPEUTEN
und interessierte LAIEN

ISBN 978-3-96051-055-0 (Paperback)
ISBN 978-3-96051-056-7 (Hardcover)
ISBN 978-3-96051-057-4 (e-Book)

Dieses Buch besteht aus zwei Teilen:
Im **Lehrbuch** liegt der Schwerpunkt auf dem theoretischen Hintergrund, auf der Aura sowie den unterschiedlichen feinstofflichen Schichten. Es werden energetische Zugänge zur feinstofflichen Anatomie betrachtet.
Das **Praxisbuch** beinhaltet praxisorientierte Übungen, die die subtilen Wahrnehmungen des Therapeuten schulen, und Techniken, welche die Aura und deren Dimensionen pflegen, schützen, klären, harmonisieren und behandeln.